_____ 님께.

기쁨과 감사의 마음으로
이 시집을 드립니다.

20   년   월   일

_____ 드림.

내 마음이 네 마음

내 마음이 네 마음

2025년 11월 24일 제1판 제1쇄 발행

지은이	조재도
펴낸이	강봉구

펴낸곳	도서출판 작은숲
등록번호	제406-2013-000081호
주소	경기도 파주시 와석순환로 307, 1107-101
전화	070-4067-8560
팩스	0505-499-8560
홈페이지	http://www.littleforestpublish.co.kr
이메일	littlef2010@naver.com

ⓒ 조재도

ISBN 979-11-6035-168-2 03810
값은 뒤표지에 있습니다.

※이 책은 저작권법에 따라 보호받는 저작물이므로 무단 전재와 무단 복제를 금합니다.
※이 책의 전부 또는 일부를 이용하려면 반드시 저작권자와 '작은숲출판사'의 동의를 받아야 합니다.

내 마음이 네 마음

작은숲

차례

1부 행복이 있는 곳

평범한 시간 · 16
가족 · 17
부부 · 18
좋은 친구 · 19
나의 시 · 20
작은 돌 하나가 · 21
행복이 있는 곳 · 22
양심 죄인 · 24
어느 날 · 25
조화로운 세상 · 26
당연한 일 · 27
유머 · 28
하루 더 기다려 봐요 · 29
방황 · 30
인생 · 32
저녁 산책 · 33
나무의 영혼 · 34

오늘도 택배 · 35
기쁨 · 36
사랑하면 아프다 · 37
세월 · 38
아침에 · 40
나무가 아름다운 이유 · 41
가을의 눈물 · 42
이혼한 사람을 만나면 · 44

2부 내 마음이 네 마음

등대 · 46
잘 사는 솔로 · 47
그냥 두어라 · 48
사랑 · 50
혼자 있어라 · 51
간장의 맛 · 52
세 사람 · 53
초보 명상 · 54
강의 마음 · 55
봉오리 · 56
추억 · 58
외투 · 59
이상한 일 · 60
상대적 · 61
당신 · 62

젓가락질하다가 · 63

비누 · 64

포스트잇 · 66

귀가 · 67

원터치 장례 · 68

이정표 · 69

아름다운 동행 · 70

밀물 · 71

들꽃 · 72

세상에 나를 기다려주는 것은 없다 · 74

3부 그럼에도 불구하고

작은 별 · 76

마지막 영토 · 77

아침 세수 · 78

그럼에도 불구하고 · 79

겨울 산행 · 80

이치 · 81

한 사람 · 82

사랑과 상처 · 84

시치미 뚝 · 85

때문에 · 86

즐기는 일 · 87

상가에서 · 88

산행 예의 · 89

외로움과 고독 · 90
돈 · 92
가을의 뜻 · 93
노화 · 94
그러면 안 돼요 · 95
좋아 죽겠다 · 96
욕 · 97
작고, 조금 · 98
순리 · 99
나무의 허락 · 100
신성神性 · 102
의자 · 104

4부 나에겐 휴식이 필요하다

살다 보니 · 106
나에겐 휴식이 필요하다 · 107
술에 지지 않는다 · 108
강한 정신 · 109
절 · 110
모과의 유언 · 111
물과 달 · 112
지금 바로 하세요 · 114
아버지의 술 · 115
청소하자 · 116
먼저 가서 기다려라 · 117

작은 원 · 118
안목 · 120
짐꾼 · 121
서툰 연애 · 123
왜 이렇게 됐는지 모르겠다 · 124
옛날 토정비결 · 125
주먹 · 126
봉변 · 127
낙엽 · 128
나무야 고맙다 · 130
성불사 느타나무 · 132
통점痛點 · 133
어느새 · 134
맨발 걷기 · 136

5부 삶은 계속된다

겨울나무 · 138
어머니 마음 · 139
반대말 · 140
무 · 141
번지 없는 주막 · 142
그 사건 · 143
진짜 · 145
시시비비 · 146
멧새 소리 · 148

침묵 · 149
노년의 적 · 150
재 · 151
삶은 계속된다 · 152
더 좋은 답 · 154
나무의 마음 · 155
지금 이대로 · 156
가방 · 157
부탁 · 158
칠십 · 159
나 · 160
그런 삶 · 162
건강 통장 · 163
너 하기에 달렸다 · 164
소중한 하루 · 165
달인 · 166

6부 기분은 자기 책임

이팝나무 꽃밥 · 170
생각 나름 · 171
가을 감나무 · 172
나비야 청산 가자 · 173
평화 단상 1 · 174
평화 단상 2 · 175
뱀딸기 · 176
사람이 선물이다 · 178
위로의 말 · 179
기분은 자기 책임 · 180
삭이면 깊어진다 · 182
물통 · 183
통화가 사라졌다 · 184
10월의 마지막 밤 · 185
존재의 절반 · 186
낮은 정신 · 187
구부러진 칼 · 188
냉이꽃 · 190
쏘내기 30분 · 191
3초 · 193
그런 시간이 있는가 · 194
낙관주의자 · 195
돌탑 · 196
생각의 빛 · 198
한 마디 · 199

7부 시간이 없답니다

바보 · 202
인석이 · 203
조건 · 204
위로주 · 205
우리집 모기 · 206
인연 · 208
시험지 · 209
화장실 수건 · 210
나이 · 211
새봄 · 212
반성 · 213
토마토 · 214
시간이 없답니다 · 216
사랑하면 닮는다 · 217
역설 · 218
시 한 잔 · 219
손잡이 · 220
마음이 편하다 · 222
위기 · 223
망상 · 224
이슬 · 225
구멍가게 · 226
초봄 · 227
이제 됐다 · 228
절로 절로 · 230

8부 속 편한 게 최고다

강아지풀 · 232

허虛 · 233

다리 _ 탄핵 시편 1 · 234

당신도 틀릴 수 있다 _ 탄핵 시편 2 · 235

10대들의 민주주의 _ 탄핵 시편 3 · 236

그 논 · 237

독도 · 238

달력 · 240

모래 · 241

숲 · 242

심야식당 · 244

속 편한 게 최고다 · 245

저마다 · 246

그냥 · 247

봄 1 · 248

봄 2 · 250

생생生生 · 251

호수 · 252

파 · 253

조치원 · 254

배꼽 · 255

입문入門 · 256

사랑의 양면 · 258

들 · 259

집으로 가는 길 · 260

시인의 말 · 262
약력 · 264

1부

행복이 있는 곳

평범한 시간

기쁜 일도
슬픈 일도
평범한 시간에 일어난다

일기에도 못 오르고
기억에도 안 잡히는
하루하루의 시간

그 시간의 십 분이라도
누군가를 위해 산다면
좋은 인생이다.

가족

어떤 이에겐 가족이
최대 수혜자일 수 있고
어떤 이에겐 가족이
최대 가해자일 수 있다

어떤 이는 집 안의 온도가
늘 상온에 훈풍일 수 있고
어떤 이는 지붕 밑 온도가
시베리아 벌판일 수 있다

가족을 탓하지 말라
못난이는 가족에게 붙들려
가족을 원망하고
강자는 가족에서 벗어나
자기 성취를 이룬다.

부부

볼수록 안쓰러운 사람입니다
처음 만났을 때는
검은 머리 청춘이었는데
살다 보니 어느덧
흰 머리 주름이 깊어졌습니다
그래도 같이 사니 부부입니다
싫어도 참고 사니 부부입니다
이제 볼품 살품 다 빠지고
그저 연민 하나에 기대어 사는
우리 부부는
장독대에 남아 있는
낡은 항아리 두 개입니다.

좋은 친구

꽃이 되자고
누가 먼저 말하지 않았지만
갈수록 우리 사이
향기가 나네.

나의 시

빼어난 시 오묘한 시
아주 잘 쓴 시는 아니지만
초등학생이 쓴 시처럼
문해교실 할머니가 쓴 시처럼
쉽고 뜻이 분명하다

시작詩作 40년에
비로소 찾은 나의 시
다른 시와 견주는 것이 아무 의미가 없는
나만의 시

지나가는 사람 아무에게나
마구 읽어주고 싶다

제대로 쓰고 있나
제대로 쓰고 있다.

작은 돌 하나가

작은 돌 하나가
자꾸 신경에 거슬린다
언제 신발에 들어갔는지
걸을 때마다 발바닥에 박인다
그렇구나, 나를 괴롭히는 것은
큰 바위가 아닌
작은 돌이구나.

행복이 있는 곳

행복은 어디에 있을까
산 너머 있다기에
산 너머로 달려간 사람들

행복은 어디에 있을까
마음에 있다기에
마음을 낱낱이 헤쳐보는 사람들

아니야
행복은 두려움 뒤에 숨어 있어
실패할까 하는 두려움
거절당할까 봐 못하는 두려움
귀찮아서 하지 않은 일 뒤에
행복은 숨어 있어.

2024. 조재도

양심 죄인

철없던 시절의 잘못을
나이 들어 용서를 구하고 싶어도
그럴 수 없습니다

세월이 흘러
용서해 줄 사람이 죽었거나
어디 사는지 몰라서

자기 외에
아무도 모르는 그 날의 비행
양심에 꺼려 지워지지 않는 잘못

사람은 누구나 타인은 속여도
자신 앞에서는 영원히 죄인입니다.

어느 날

호프집 화장실
잠긴 번호 키 누르는데
손등에 날 것 하나
턱 날아와 앉는다
너도 나만큼 급했구나.

조화로운 세상

모든 나무의
나이테는 둥글다
나이테가 많을수록
그늘도 깊다

사람의 나이테는
안 둥글다
나이테가 많을수록
부끄러워 지우려고 한다

조화로운 세상에
나무가 있고
사람들은 나무를 닮으려 한다.

당연한 일

아기는 언제 걷나
걸을 때 되면 걷는다

아기는 언제 말하나
말할 때 되면 말한다

아기의 이는 언제 나나
이빨이 보일 때 난다

이 당연한 일을
사람들은 조바심에 인터넷을 뒤지고
병원에 달려간다.

유머

누구나 계획을 세우며 산다
삶을 자기 것으로 하기 위해

간혹 신은
그 계획을 무너트린다
사람의 뜻대로 되지 않게 한다

자기 계획대로 안 되면
사람은 상심한다
기죽어 슬픔에 젖기도 하고
핏빛 고통에 울부짖기도 한다

유머가 필요한 이유다.

하루 더 기다려 봐요

하루가 더 지나면
일이 또 어떻게 될지 모르니
하루만 더 기다려 봐요
꽉 막힌 출구가 열릴 수도 있고
또 다른 기회가 생길 수도 있어요

하루를 못 기다려 일을 망치는 것도
하루를 더 기다려 일을 잘 끝맺는 것도
당신에게 달렸으니

아무리 급해도
우물가에서 숭늉 마실 수 없잖아요.

방황

사람은 젊어서 방황을 많이 하지만
늙어서도 방황한다

방황은 떨어진 나뭇잎처럼
삶에 뜻을 잃고 이리저리 구르기도 하고
호수에 던진 돌이 가라앉으며
호수의 깊이를 재듯
인생의 깊이를 재기도 한다

어떤 이는 방황을 성장의 밑거름으로 삼고
어떤 이는 인생을 허비하고 만다.

인생

잘 살아도 인생은 가고
못 살아도 인생은 간다
네가 낙심하든 절망하든
인생은 너를 거들떠보지도 않는다
살고 싶으면 살든지
죽고 싶으면 죽든지
내 알 바 아니라는 듯
인생은 성큼성큼 제 길을 간다
산이 굽이굽이 산길을 가듯
물이 너울너울 물길을 가듯
너 같은 건 애초에 관심도 없다는 듯
올 테면 오고 말 테면 말라는 듯
참 야속히도 제 길을 간다.

저녁 산책

벚나무 가로수 길을 걷기도 하고
어린이 놀이터를 지나기도 하고

천천히 걸으며 비운다
천천히 걸으며 채운다.

나무의 영혼

나무의 영혼은 의자가 되었다가

나무의 영혼은 책이 되었다가

나무의 영혼은 그리움을 이어주는 다리가 되었다가

나무의 영혼은 꼬부랑 할머니의 지팡이가 되었다가

이 모든 게 다 좋지만

나무의 영혼은 가난한 집 아궁이에서 불을 만나

차가운 구들을 데워 재가 되는 것이

그중 제일 좋답니다.

오늘도 택배

택배가 온다는 것은
누군가가 나에게 택배를 보냈다는 것
누군가가 나를 생각하고 있다는 것
어쩌면 그리움으로
어쩌면 고마움으로
어쩌면 염려와 감사로
나를 생각하고 있다는 것
택배가 온다는 것은
지구별에서 관계가 이어지고 있다는 것
고맙습니다
감사합니다
나도 마음을 네모 상자에 담아
누군가에게 택배를 보낸다.

기쁨

시인의 기쁨은 시
가수의 기쁨은 노래
배우의 기쁨은 무대
농부의 기쁨은 수확
노동자의 기쁨은 일
아기의 기쁨은 엄마
어린이의 기쁨은 놀이
새의 기쁨은 비상
꽃의 기쁨은 향기.

사랑하면 아프다

명절이나 생일에
맛있는 음식을 놓고
누군가가 생각나 마음이 아프다면
그 사람을 사랑하는 것이다

요양원에 계신 엄마
시설에 가 있는 아이
사정이 있어 못 오는 사람이 생각나

가슴 테두리가
철삿줄에 꼬옥 조여지듯
마음이 아프다면
그 사람을 사랑하는 것이다

사랑하면 아프다
아프니까 사랑이다.

세월

어려서 살던 집에 가 보았네
집은 없고 집터만 남아 있네
다섯 살 어린 소년과
일흔 살 노인이
한배에 타고 앉아
빙긋이 웃네.

아침에

산길에 까치가 죽어 있습니다
나뭇가지를 꺾어 묻어 주었습니다
발 아래 생긴 작은 마침표
죽음에 들면 미물이나
제왕이나 매한가지
살아서의 부피는 사라졌지만
죽음의 총량이 늘어난 것은 아닙니다
모든 생의 그림자는 어디로 가나요
기우뚱 기우는 아침 하늘
아, 가는 곳 모르온져.

나무가 아름다운 이유

나무가 아름다운 것은
수많은 가지를 뻗는데도
한 가지도 겹치지 않아서다
가지 하나 뻗는 일에도
나무의 배려 궁리 사려 깊음이
이렇듯 세심하다.

가을의 눈물

산길에 도토리가 떨어져 있다

사람들은 등산에 정신이 팔려
발에 밟혀 도토리 으깨지는 줄 모른다

그걸 보고
도토리 엄마 나무
울고 있는 줄 모른다.

이혼한 사람을 만나면

이혼은 누구에게나 충격
본인이나 가족 친구에게 아픔

이혼한 사람을 만나면
왜를 묻지 맙시다
왜라는 이유는 여러 가지
생의 응집력이 다해 갈라선 것이니
그러려니 해줍시다

대신

그래 잘했어, 힘들었지
네 행복이 중요해
위로해줍시다

축하까지는 아니더라도
앞으로 살 일을 응원해줍시다.

2부

내 마음이 네 마음

등대

바다는 늘
거대한 몸짓으로 출렁이지만
파도 소리 외엔 아무 말이 없어서

밤하늘
사금파리처럼 별은 빛나지만
캄캄한 밤바다에 들리는 건
바람 소리뿐이어서

제아무리 밤이 깊어도
젖은 몸으로
길을 찾는 배에게

그 자리 그 시간에 늘
어둠의 길 비춰주는
너의 마음 등대의 마음.

잘 사는 솔로

혼자 산다고
딱 1인분의 삶을 사는 것은 아니다

숟가락은 하나지만
관계는 여럿

잘 사는 솔로는
곤란에 처했을 때
도와줄 사람이 있다

미혼 비혼 별거 이혼 사별
인생의 기본값은 솔로지만
평소 타인과 관계를 잘 맺어야 한다

혼자 살지만
혼자 살지 않는다.

그냥 두어라

물은 물대로
흐르게 두어라

작은 민들레
키 큰 해바라기로 조작하지 마라

참견이 심하면 싸움이 일어난다

사랑한다면
그냥 두어라

그냥 둘 수 없다면
사랑하지도 마라.

사랑

폭풍이 치면
어부들은 배를
말뚝에 묶어 맨다
그제야 배는 안심한다
자기를 위해 밤새 싸워줄
줄이 있으므로.

혼자 있어라

만나지 않아도 될 사람 만나기보다
혼자 있어라

꼭 해야 할 일 아닌 일 하기보다
혼자 있어라

아무 말 되는대로 하기보다
혼자 있어라

다른 사람 흉내 내며 살기보다
혼자 있어라

혼자 있되
있으나 마나 한 존재는 되지 마라.

긴장의 맛

가수 생활 53년째인 노 가수가
인터뷰하며 말했다

— 무대에 설 때마다 아 긴장되죠

실제로 그는 무대 뒤에서
자기 차례를 기다리며
신인가수보다 더 긴장하여
발을 덜덜 떨었다

— 이렇게 긴장되는 게 싫지 않은가요
— 아니죠, 이 맛에 삽니다
  이 맛이 나를 지금까지 가수로 있게 해 준 힘이죠

맛 중에 가장 매혹적인
긴장의 맛을 즐기는 이가
인생의 진정한 승자다.

세 사람

나를 살리는 세 사람

내 곁의 사람
내 편을 들어 주는 사람
나를 안아주는 사람.

초보 명상

명상을 하려고
조용한 곳을 찾아 앉았다

눈을 감자
스멀스멀 올라오는 끝없는 잡념

아, 내가 이렇게 복잡한 존재였던가
내가 이렇게 지저분한 생각 뭉치였던가

맑은 옹달샘이 되려다
장마철 흙탕물이 되고 말았다.

강의 마음

강물도 강가로 나오면
마음이 여려진다
강의 한복판에서 앞다투어 흐를 때는
사나운 마음이었다가
강가로 흘러 잔물결이 되면
마음도 맑고 따뜻해진다
물에 스민 투명한 햇살
모래 자갈을 비추고
떠 있는 어린 치어들 그림자를 만든다
물무늬 그리며
연약한 풀뿌리를 적시는
강의 마음.

봉오리

꽃에 대해서는
사람들이 많이 썼으니
나는 봉오리를 노래하자

한 겹 한 겹 어둠이 쌓여
암흑이 된 방

봉오리는 꽃의 자궁
꽃의 생년월일
꽃이 되기 전 견뎌야 하는
밑바닥 가슴

나는 요즘 꽃보다
봉오리를 손에 올려놓고
입을 맞춘다.

2024. 손라돈

추억

나이 들수록
돌아가신 분 생각이 많이 난다

그분들이 내게 오셔서
지난날의 이야기를 말씀하신다

그럼 나는 가만히 듣는다

비 오는 날엔 빗소리로 오시고
눈 내리는 날엔 고요함으로 오시고
꽃 지는 날엔 쓸쓸함으로 오신다

그분들이 나를 찾아주시는 한
그분들은 내 안에 살아 있다

발효하는 누룩처럼
언제나 내 안에서 향기롭게 피어난다.

외투

나 오늘 헌 옷 수거함에
외투를 버렸네

돌아가신 장인이 내게 준
허름한 외투

수거함에 버릴 때
애써
나는 이 외투를 아주 버리는 것이 아니다,
잠시 떨어지는 것이다, 라고 위로했지만
눈물이 났네

아무리 하찮은 것도
정든 것과 이별하려면
이리 마음 아프네
이리 눈물이 나네.

이상한 일

이상한 일이다
평소 나는 내가 좋은 줄 몰랐다
그런데, 그런데
내 마음이 네 마음에* 닿아
너를 좋아하자
나도 내가 덩달아 좋아졌다
두근두근 가슴이 뛰고
세상 모든 게 환하게 보인다
참 이상한 일이다.

吾心卽汝心, 최제우

상대적

수저통에 담긴 낱낱의 쇠젓가락은
한 쌍이 늘 붙어 있는 나무젓가락이 부럽고

한 번 쓰고 버려지는 나무젓가락은
오래도록 굳센 쇠젓가락이 부럽고.

*

크리넥스 화장지는
둘둘 풀려나오는
두루말이 화장지가 부럽고

두루말이 화장지는
하나하나 뽑아 쓰는
크리넥스가 부럽고.

당신

당신이라는 신을 신고
여기까지 왔어요

더러운 내 발을
냄새나는 내 발을
늘 따뜻이 감싸주신 당신

이제 내가 당신 발을 안아줄게요
부드러운 밑창이 되어
당신을 편안히 받쳐줄게요.

젓가락질하다가

나이 들면서
밥 먹을 때 흘리는 일이 잦다

젓가락질 주의해서 한다고 하는데
입에 닿기 전 놓친다

그럴 때면 누가 볼세라
냉큼 손으로 집어
얼른 입에 넣는다

지나온 인생에 이것저것
흘린 것도 많은데
젓가락질하다 흘리면 좀 어떠냐.

비누

공용 화장실
세면대에 놓여 있는 비누
누구의 손에서든
즐겁게 거품을 만들어 주는 비누
그러면서 얇아지는 비누
무심, 무차별, 무한 헌신의
성자 같은 비누
세상에 자기밖에 모르는 사람아
비누를 배워라
비누의 향기를 배워라.

포스트잇

오늘도 빽빽한
당신 삶의 앞모습

텅 비어 보이지 않는
당신 뒷모습.

귀가

집에 와서
현관문을 열 때
당신은 누굴 부르며 들어가나
엄마, 아빠, 여보, 자식, 강아지 이름
혼자 살아서
부를 사람이 없나?
혼자 살면 외롭기는 해도
홀가분해 좋지.

원터치 장례

이제 장례도 원터치 장례로 바뀔 거야
사람이 죽으면 장례 전문회사와 계약 후
카드결제하고 기다리면
회사에서 시체를 가져다
알아서 화장해서
유골을 택배로 보내줄 거야
그럼 전화 한 통화로 장례 끝
사람들 모여 북적거리는
요즘 3일장 장례식도 바뀔 거야
편리한 쪽으로 세상은 흘러가니까.

이정표

이정표가 되어준 사람이 있다
그 사람을 만나
지금까지 살아온 인생이 바뀌거나
지난 삶에 의미를 더해주는 사람이 있다

그런 이는 많지 않다
만나는 게 사람이지만
일생에
자기 삶에 이정표가 되어준 이는
많지 않다

그런 사람 만남은 축복
저 길로 가던 인생이 방향을 바꿔
지금 이렇게 살고 있다
그 사람이 고맙다.

아름다운 동행

네가 꽃 피어 흔들릴 때
나는 봄 햇살로 너를 밝혀주고

네가 새 되어 노래할 때
나는 나무 되어 너를 감싼다

네가 낙엽 되어 물에 떠갈 때
나는 그림자 되어 너와 함께 출렁이고

네가 풀잎 되어 이슬 맺을 때
나는 잠자는 바람이 되어 네 곁에 머문다.

밀물

메마른 갯벌에 밀물이 밀려든다
바닷가 갯것들은 이때
환호작약 몸을 뒤집으며 밀물을 반긴다
엄마 품에 안겨
좋아서 팔다리를 마구 휘젓는
아기처럼

네 인생에 밀물은 아직 들어오지 않았다
언젠가 너의 해변에 밀물은 밀려올 것이다
그러니 준비하고 기다려라
견딤은 쓰리나
너를 바다에 둥실 띄우리니
네 인생에 밀물은 아직 들어오지 않았다.

들꽃

내가 들꽃을 좋아함은
혼자서도 외올히* 꽃 피워서다

내가 들꽃을 사랑함은
침노하는 비바람에 맞서 흔들려서다

내가 들꽃을 좋아함은
따가운 가을볕에 씨를 맺어서

내가 들꽃을 사랑함은
다발로 묶여 팔려가지 않아서다.

외올히 : 외롭고 우뚝하게

세상에 나를 기다려주는 것은 없다

세상에 나를 기다려주는 것은 없다
봄날의 수선화도 가을 단풍도
수평선의 노을도 기차 시간도
나를 기다려주지 않는다
나를 두고 저마다 쌩 가버린다

외출하는데 아내가
빨리 나오지 않고 뭐하냐고
짜증을 버럭 내며
아파트 현관문을 잡고 서 있을 뿐이었다.

3부

그럼에도 불구하고

작은 별

밤하늘
크게 빛나는 별 사이
너무 작아 안 보이는
작은 별
분명히 있는데
없는 것처럼 안 보이는
슬픈 별
당신은 작은 별입니까.

마지막 영토

아무리 낮은 동네 산도
정상은 섣불리 내주지 않는다

정상의 마지막 구간
잡아채는 고비가 있다

다 내주어도
함부로 내주지 않는
산의 자존심

네가 지키고자 하는
너의 마지막 영토는 무엇이냐.

아침 세수

아침에 세수하는 것은
얼굴에 무엇이 묻어서가 아니다
지난밤 어수선한 꿈을 씻고
새롭게 하루를 시작하기 위해서다
방금 씻고 난
너의 해맑은 얼굴이
세상을 아름답게도 하고
눈물 나게도 한다.

그럼에도 불구하고

세상의 어떤 일도 이 말 앞에 놓이면
반전이 일어난다

세상의 어떤 사랑도 이 말 앞에 놓이면
기적이 일어난다

그럼에도 불구하고
우린 사랑했다

그럼에도 불구하고
우린 그 일을 해냈다

삶의 가장 아름다운 순간을
만들어내는 말, 그럼에도 불구하고.

겨울 산행

날씨가 어찌나 사나운지
산에 갈 엄두가 나지 않는다

오늘 하루 쉴까
따뜻한 집이 나를 유혹한다

그래도 가야지
모자 쓰고 장갑 끼고 중무장하고
얼어붙은 산에 간다

나서기가 어렵지
가면 또 가게 된다.

이치

기쁨의 정상에
사람들은 몰려든다
슬픔의 낮은 계곡은
혼자 걸어야 한다

능선의 상쾌함에
사람들은 환호한다
고통의 오르막은
제힘으로 올라야 한다

넓은 길에선 함께 하지만
비좁은 험로는 한 줄로 가야 한다.

한 사람

모두가 손가락질하고
등 돌릴 때
누군가 한 사람 내 편이 되어
내가 옳다고
내 잘못이 아니라고
옹호해 줄 때
캄캄한 인생에
팟, 불빛이 솟아난다
그 순간 삶은 재창조된다
다시 일어설 용기를 준다
아, 그 한 사람으로
천 겹 어둠의 절망이 얼마나 조금씩
환하게 열리던가.

사랑과 상처

사랑하면 상처도 받게 된다
무심코 하는 행동이나
톡 쏘아부치는 매정한 말투에
크고 작은 상처를 받는다
그런 상처 받으면 한동안 가슴이
얼얼해진다
상대방의 사랑을 의심하게 되고
심지어 헤어질 생각까지 한다
그런데도 계속 사랑함은
사랑만이 그 상처를 낫게 하기 때문이다
사랑만이 상처에 입 맞추기 때문이다
때로 상처는 사랑에 금이 가게 하지만
상처가 깊을수록
사랑만이 상처를 아물게 한다.

시치미 뚝

산을 뭉개고 나무를 뽑고 지붕을 날린
태풍이 물러가자
언제 그랬냐는 듯
한여름 꼭대기에서 우는
매미 소리, 매 – 음.

때문에

현실이 고달파도 견디는 것은
살아 있기 때문

이쯤에서 그만하고 싶어도
계속 하는 것은
꿈이 있기 때문

슬퍼도 웃는 것은
당신이 있기 때문

그렇게 우리는 살아갑니다
이유 없는 삶이란 없답니다.

즐기는 일

인생 최고의 일은
즐기는 일

돈 들여 비싸게 즐기는 것은
반쪽 즐거움

마음 맞는 사람과 술 한 잔
오늘 처음 발견한 동네 골목길
손에서 놓을 수 없는 책
자주 가는 강가의 자전거 길
늘 이맘때 듣는 라디오 프로그램

이 모두가
그냥 주어진 것들
공짜로 얻는 즐거움

인생 최고의 일은
즐기는 법을 아는 일.

상가에서

문상객들이 벗어놓은
뒤죽박죽된 구두를
한 소년이 집게로 집어
구두코가 앞으로 향하게
가지런히 정리한다
내가 본 상가 풍경 중에
제일 좋았다.

산행 예의

한 사람은 위에서 아래로
한 사람은 밑에서 위로

이때
내리막길의 사람이
오르막 사람에게
길을 양보하는 것이 예의다

이유는 간단하다
더 힘드니까

이런 하찮은 일에도
그날의 덕德이 쌓인다.

외로움과 고독

외로움은 갈수록 어둡고
고독은 갈수록 빛난다

외로움은 답을 밖에서 찾고
고독은 답을 안에서 구한다

외로움은 혼자 된 두려움이고
고독은 혼자이고자 한 선택이다

외로움은 고양이처럼
밖으로 나가고 싶어 문 앞에서 울고
고독은 가을 강처럼 저 홀로 깊어간다.

돈

돈 욕심이 없는 사람들의 나라에서
돈은 별로 쓸모가 없었다
낙엽처럼 굴러다녀도
아무도 줍지 않았다
이런 푸대접을 받아보긴 처음이었다
돈은 놀랍고 서글펐다
돈 밝히는 나라에 가서
다시 으스대며 살고 싶었다.

가을의 뜻

가을의 뜻은
숙살肅殺

찬 기운으로 모든 것을 죽인다
흰 서릿발로 가차 없이 죽인다

그런 가을도
아무것도 남기지 않는 가을도

고맙게도
씨앗은 남긴다.

노화

잘 흘리고
잘 까먹고
잘 삐지면
나이 드는 거다.

그러면 안 돼요

인생아 마음껏 놀아보자
사는 게 별거더냐
노년에 그러면 안 돼요

인생아 마음껏 먹어보자
죽으면 그만 아니냐
노년에 그러면 안 돼요

인생아 마음껏 돈 좀 써 보자
내 돈 내가 쓰는데 누가 뭐라더냐
노년에 그러면 안 돼요

젊어서도 그러면 안 되지만요.

좋아 죽겠다

좋으면 좋았지
죽겠는 건 또 뭐냐
그래도 나는 니가 요렇게 이뻐
좋아 죽겠다

좋으면 좋았지
죽겠는 건 다 뭐냐
그래도 나는 막힌 일이 술술 풀려
좋아 죽겠다

시름 많은 인생에
좋아 죽겠는 때 얼마나 되나

그런 때 있으면
까짓거 진짜 죽어도 좋아.

욕

손바닥
발바닥
혓바닥 가운데
가장 더러운
혓바닥
욕하지 마라.

작고, 조금

작은 것은 아름답다
채송화도 강아지도
자고 난 아기의 눈곱도

큰 것을 바라는 세상에
더 많은 것을 바라는 세상에
작고, 조금
생명을 불어넣는 가치

소금알갱이가 작아도 귀중한 것은
물에 풀려도 소금이기 때문이다.

순리

추수가 끝나면 아버지는
마당에 볏짚을 차곡차곡 쌓았다
겨우내 소여물로 썰어 먹이고
부엌 아궁이에 짚불로 때기도 하였다
그렇게 쌓은 볏 짚단 맨 아래는
다른 볏짚에 눌려 썩기도 하고
겨우내 쥐들이 새끼 치고 갉아
나중에 갈퀴로 득득 긁어
두엄자리 거름으로 나갔다
그렇다고 밑에 깔린 짚이
아주 쓸모없는 것은 아니었다
그것이 있어서 위에 있는 다른 짚이 썩지 않고
서생원들의 안온한 보금자리가 되었다
알곡을 털린 짚이 이렇게 쓸모 있을 줄이야
청춘이 지나간 우리 인생도
밑바닥에 놓인 짚단 같지 않던가.

나무의 허락

성장의 비탈에서
잘못된 길을 가려고 할 때
그 아이를 바로잡기 위해
종아리를 친다면
내 가지를 꺾어가도 좋소

볕 좋은 날 저녁때
빨랫줄에 널린
이불 먼지를 털기 위해
내 가지가 필요하다면
가져가도 좋소

들일 하다 낫에 손가락을 베어
피 뚝뚝 흐르는 상처 싸매기 위해
내 잎을 따가도 좋소

나의 줄기에
각오의 말을 칼끝으로 새기고
마음이 흐트러질 때 찾아와
결심을 다잡는다면
내 몸에 상처를 내도 좋소.

신성神性

몰리던 족제비가 웅덩이를 만나면
그 자리에 우뚝 선다고 한다
그 순간 죽음임을 왜 모르랴
허나 족제비는 자기 털을 더럽히기보다는
차라리 선 채로 죽음을 맞는다고 한다
사람에게도 족제비의 신성이 있다
뻔히 손해 볼 줄 알면서도
자칫 목숨을 잃을지 모르는데도
피하지 않고 그 자리에 우뚝 서
자기 마음을 지키는 이가 있다
부글부글 끓는 물을
차갑게 식히는 이가 있다.

의자

서 있는 사람을 기다리는
의자

지치고 복잡할 때
마음이 앉아 쉴 수 있는
의자 하나
당신 가슴에 마련해 두세요.

4부

나에겐 휴식이 필요하다

살다 보니

아침에 나온 모습 그대로
저녁에 집에 들어가는 것
그것이 행복

아침에 나온 모습 그대로
저녁에 집에 들어가는 것
그것이 기쁨

아침에 나온 모습 그대로
저녁에 집에 들어가는 것
그것이 돈 버는 것

아침에 나온 모습 그대로
저녁에 집에 들어가는 것
그것이 평화.

나에겐 휴식이 필요하다

아기 키우는 일도
적금 붓는 일도
시작은 했어도 언제 끝날지
남은 기간이 막막하기만 하다가도

어느덧 시간이 흘러
코흘리개 아이가 훌쩍 커
대학에 다니고
20년 적금 만기 되어
목돈이 되고

하루하루
최선을 다해 살아오는 동안
인생도 가고 주름도 깊어지고

다시 또 그 길을 가라고 한다면?
나는 좀 쉬어야겠다
나에겐 휴식이 필요하다.

술에 지지 않는다

나를 사랑하는 사람이 있는데
나 잘되라고 기도하는 사람이 있는데
내가 어찌 나를 함부로 하겠는가
비에 지겠는가 술에 지겠는가
한숨에 지겠는가 유혹에 지겠는가
그 사람은 세상의 전부
그 사람을 잃으면 세상 전부를 잃는데
비에 지겠는가
술에 지겠는가.

강한 정신

아침에 일어나
이불부터 갠다

퇴근 후 집에 와
저녁을 차려 먹는다

소파에 기대 영화 보고 싶은데
유혹을 참고 책상에 앉는다

그러다 다시 주방으로 나와
귀가가 늦는 아내를 위해 찌개를 끓인다

힘센 사람은 남을 이기고
강한 사람은 자신을 이긴다

강한 정신이 아니면
못할 일이다.

절

발꿈치 모아
두 손으로 땅을 짚고
납작 엎드려 올리는 절

평소 오만한 인간이
제 몸을 스스로 굽혀
둥글게 만드는
우주의 씨앗

절 많이 하세요
절할 때마다
당신은 우주의 씨앗이 되니까요.

모과의 유언

모과가 썩는다
밤새 노란 신음 들려 살펴보니
치통을 앓듯 모과가 앓는 소리다
가을에 두 덩이 얻어
창턱에 놓아둔 모과
방부의 세상에
썩는 모과가 반갑다
제발 쓰레기봉투엔 버리지 말아 달라고
산이든 들이든
볕 좋고 바람 맑은 곳에 버려달라고
모과가 마지막 말을 남기고 있다.

물과 달

하늘에 뜬 달을

지상에 안아오기 위해서는

물이 필요하다

너는 고요한 호수가 되렴

나는 한 동이 물이 될 게.

지금 바로 하세요

미안하다는 말 고맙다는 말
다음으로 미루지 마세요

지금 바로 하세요
나중이나 다음은
없는 시간일지 몰라요

안부 전화도
사랑한다는 말도
꽃 구경 가는 일도
분명한 거절의 말도
미루면 오늘을 살지 못해요

늘 다음 다음 하면서
다음에 끌려다니며 살아요.

아버지의 술

평생 지게에서 벗어나지 못한 아버지
평생 흙 노동에 손톱이 갈라진 아버지
평생 낫질에 손마디가 부으신 아버지
평생 장애인 형과 속 끓이신 아버지
나 하나 잘되라고 서울로 전학 보내신 아버지
이 모든 등짐 술로 풀어낸 아버지
어려서는 아버지의 술 냄새가 싫었는데
아버지 돌아가시고
나이 오십이 넘어서야
아버지의 술 냄새가 그립습니다.

청소하자

청소하니
먼지 낀 마음이 환해졌다

꽃 한 송이 화병에 꽂으니
깨끗한 고요가 주위에 모여들었다

인간관계도 일도 청소하자
신경 쓸 일이 줄고
홀가분해져 좋다.

먼저 가서 기다려라

사랑하는 사람과 만나기로 했으면
먼저 가서 기다려라

개나리꽃 꽃신을 신고 봄이 온다면
먼저 가서 기다려라

먼저 가서 기다림은
진심으로 환대하는 것

그럼요, 암요
평생 내 편이 되어 줄
님이 오시는데
먼저 가서 기다려야지요.

작은 원

열 명을 뽑는 장학생에
그는 밀려났다
몹시 실망하여 밥도 먹지 않았다
그런 아들에게 아버지가 말했다
아들아, 네가 열 명 가운데 들었으면
너 대신 누군가가 탈락했을 테고
그 아이는 너처럼 절망할 것이니
우린 열 명의 바깥에서 살자
작은 원 안에 들어가
피 말리며 다투지 말고
작은 원 밖에서 자유롭게 살자.

안목

안목이 열리면
이래도 좋고 저래도 좋고

안목이 닫히면
이래도 문제 저래도 문제
사사건건 모든 일이 다 문제다.

짐꾼

티비에
설악산에서 마지막 짐꾼으로 살아가는
임기종 씨가 나왔다

지게 하나에
온갖 물건을 지고
좁고 험한 등산로를
곡예 하듯 오르는 사람

첩첩산중 흩어져 있는
휴게소 대피소까지
가파른 길을 무릎걸음으로
기다시피 올라가 받는
짐삯 고작 몇 만 원

눈물이 났다

행로난 행로난 인생길에
우린 저마다 짐꾼이 아니던가

실직한 자식을 떠안은 늙은 부모
병든 부모를 돌보는 자식
생계의 리어카를 끄는 노인
가족 부양을 책임진 소년 소녀 가장
서로가 서로에게 짐이 되지 않으려고
안간힘이지만
우리는 서로에게 부담스런 짐이 아니던가

저마다 어깨에 등에
허리가 휘도록 짐을 지고
오늘도 우리는 짐꾼이 되어
인생의 비탈길을 기어오른다.

서툰 연애

사랑 앞에서 저는 늘 서툴렀어요
감정 표현도 제때 못하고
하고 싶은 말도 입안에서 맴돌다 말고
그래서 가슴에 쌓이는 게 많았어요

사랑 앞에서 저는 자꾸 고장났어요
손잡고 싶어도 머뭇거리다 놓치고
다가가고 싶은데 뒷걸음질 치고
그럴수록 눈빛만 간절했어요

내 사랑
그런 나를 몰라주고 당신은 떠났어요
미안해요, 연애 기술이 부족해서
서툰 연애에 누구보다 제가 먼저 화가 납니다

그날 당신이 떠난 후
길에 우두커니 서서 비를 맞던
빗소리만 귓가에 남았습니다.

왜 이렇게 됐는지 모르겠다

이제 그 사람은 특별하지 않아
일 년에 한 번도 못 보는데 뭘
그렇게 안 봐도 이상하지 않아
이제 우린 서로에게
만나도 그만 안 만나도 그만이야
휴대폰 전화번호 지워도 돼
왜 이렇게 됐는지 모르겠다
나쁜 일도 없었는데
햇빛에 색이 바랜 옷감처럼
손안의 물처럼 다 빠져나갔어
관계가 사라졌어.

옛날 토정비결

눈 펑펑 쏟아지던 설날
엄마는 청양 장에서 사 온 토정비결을
벽장에서 꺼내셨다
어디 보자, 먼저 큰애
다음 둘째
차례로 그해 일 년 신수를 봐 주었는데
잘 나가다 그만
안 좋은 괘가 나오면
무애무덕, 좋지두 않구 나쁘지두 않구면
문득 눈시울 촉촉해지는
옛날 설날 아침의 토정비결
추억은 아무리 퍼 써도 공짜다.

주먹

지금까지 나 주먹 쥐고 살았네
쇠망치처럼 단단하게 주먹 쥐고 살았네
가진 것도 없는데
그마저 잃을까 봐
돌처럼 단단히 주먹 쥐고 살았네
여차하면 먼저 칠 기세로 살았네
주먹을 쥐고 사니
모든 게 주먹으로 보였네
반가운 악수도 웃는 얼굴도
뒤에 주먹을 숨긴 것처럼 보였네
책도 읽고 명상도 하고
지식과 교양을 두루 넓혔지만
한번 쥔 주먹은 펴지지 않네
자면서도 주먹을 꽉 쥐고 자네.

봉변

카드가 없어서 주차비 정산을 못 했다
카드가 없어서 시내버스를 못 탔다
길바닥에 우두커니 서 있었다
카드가 현금을 무시해서
무시당한 채 가만있었다
곳곳에 도사리고 있는 봉변
카드 안 쓰고
카톡 안 하는 일이
민주화 운동보다 더 어렵다
자잘한 일 지키는 것이
신념이 되어버린 사회
짐승과 기계 사이 낀
현대인.

낙엽

그래, 피할 수 없는 길을
피하지 않는구나

이른 봄 연두로 피어나
여름밤의 소나기와
천둥 번개 이겨내고

더러는 제 몸을 헐어 벌레를 키우고
더러는 비를 막아
새 둥지의 지붕이 되어 주던

고마운 잎새
작은 바람에도 쉴 새 없이 흔들린
고단한 일생

인간만이 요리조리 도망치는
그 길을
초연히 받아들여 생의 등불을 끄는구나

슬퍼 마라
어깨를 툭 치며
더 낮은 곳으로 내려앉는
가을 잎 한 장.

나무야 고맙다

광덕사 뒤 한적하고 소슬한 숲
크고 잘 생긴 나무가 있어 등을 기대고 쉬었는데
알고 보니 누군가가 수목장을 지냈다
손바닥 두 쪽만 한 검은 돌에
아무개 잠들다, 라고 써 놓았다
나무가 참 고맙다는 생각
허락이나 양해도 없이
누군가 자기 발밑에 골분을 묻었는데
사람 같으면 엄청 짜증 나
당장 다른 데로 파 옮기라고 난리난리 쳤을 텐데
나무는 말없이 받아주었구나
나무야 고맙다
파란 하늘 흰 구름 유유히 흘러간다.

성불사 느티나무

7백 년이 넘었다는
천안 성불사 느티나무
병들어 속을 긁어낸 자리
보조물로 채웠다

그 양반 올봄에
수천의 잎을 틔웠다

물에서 건져내면
자지러지게 튀는 버들치 같은 잎들이
산들바람 봄바람에 사르르 떤다

사람 같으면 그 나이에
대수술 받고 주저앉았을 텐데
느티나무 그 양반
정정히 회춘하시었다.

통점痛點

아프면 그 자리에
불이 환히 켜진다
화끈화끈 열도 나고
욱신욱신 살이 조여든다
우린 손가락 끝으로
뜨거운 물 더듬듯 가만가만
아픈 곳을 만져본다
조심조심 눌러 보기도 하고
살살 쓰다듬어 보기도 한다
아픈 곳에 손이 자주 간다
그러다 다 나으면 몸은 다시
언제 그랬냐는 듯
조용하고 캄캄한 어둠이 된다.

어느새

어느새를 본 적 있니
흰머리를 물고 온 새
난데없이 검버섯을 피워올리는 새
나는 어느새를 본 적이 있다
환한 대낮 거울에서 보았다
보자마자 날아가
어처구니만 남겨 놓았다
어느새 그리 되었구나
어느새가 나를 울리는구나
놀람과 탄식을 물고 오는 새
나이 들수록 자주 보는 새.

맨발 걷기

한낮 더위를 피해
아침에 하는 맨발 걷기
잠이 덜 깬 창백한 발로
산길을 걷다 보면
내 몸이 살짝살짝 뜬다
나무뿌리와 돌
곱고 거친 흙이
나를 공중으로
조금 조금씩 밀어 올린다
꽃도 초목도
새소리도 개미도
지렁이도 민달팽이도
나를 살짝살짝 들어 올리는
오, 이 생명의 탄력.

5부

삶은 계속된다

겨울나무

겨울나무는
나무 전체가 얼기도 한다는군
줄기 속 물이 먼저 얼고
물과 물 사이 세포가 얼어
더 딱딱하다는군
더 꼿꼿하다는군
그러다 쌓인 눈에
눈이 덧쌓여
줄기가 고드름 부러지듯
우두둑 부러지기도 한다는군
그 순간 얼마나 뜨겁게 죽는지
아무리 추운 날에도 향기는 얼지 않아
온산을 물들인다는군.

어머니 마음

늦게 출발한대서
기다리다가

내일 아침 일찍 온대서
기다리다가

일평생 그렇게
기다리다가

이제나저제나
눈 빠지게 기다리다가

용돈을 드려도
바람에 종이돈만 날아갑니다.

반대말

태양의 반대말
별의 반대말
바다의 반대말
하늘의 반대말
나무의 반대말
돌의 반대말
바람의
새의
풀의
꽃의,
그렇구나
자연에는 반대말이 없구나.

무

마트 채소 칸에 무가 있다
환한 불빛에 벌거벗었다
어른 장딴지보다 굵고 미끈하다
포박당해 끌려온 장수 같다
밭에서 뽑혀
내리치는 단칼에 목이 떨어져
혼비백산 차떼기로 실려 온 무
세척기에 이리저리 구르고 굴러
때깔 나게 다듬어진 무
눈을 찌르는 형광등 불빛에
어색한 몸 주체하지 못해
만질 때마다 움찔거린다
무의 모멸감 덜어주기 위해
얼른 장바구니에 집어넣었다.

번지 없는 주막

번지 없는 주막이 있다네
세상 모든 땅에는 번지수가 있고
번지 있는 땅은 부동산인데
문패도 번지수도 없는 주막이 있다네
궂은 비 내리는 가을밤이나
가는 봄이 서러운 연분홍 봄밤
한잔 술이 고픈 사람들이
마음의 길 따라 더러 찾는 곳
앞마당엔 능수버들 채질하고
뒷마당 장독대엔 맨드라미 피어 있는
번지 없는 주막 마음에 품고 사는 일이
얼마나 큰 위안인지 모른다네.

그 사건
- 1985년 『민중교육』지 사건

그 사건이 일어났을 때
나는 왜 많고 많은 사람 중에
하필이면 내가 그 사건에
연루되었을까 생각했어요

세간의 이목을 집중시킨
언론에 시끄러웠던 그 사건으로 인해
직장을 잃고 여러 고초를 겪고

그런데 한참 시간이 지나
문득 이런 생각이 드는 거예요
내가 그 사건에 연루된 게 아니라
그 사건이 나를 필요로 하여 나를 선택한 것이라고

그 당시 그 사건은 터질 수밖에 없었고
그 일을 감당할 준비된 사람을 찾다 보니
그게 바로 나였다고

생각이 이렇게 바뀌자
세상을 바라보는 시각이 달라졌어요
작고 움츠러들고
피해의식에 젖어 있던 내가
그 시대의 소명을 감당한 당당한 사람으로
우뚝 서 나오는 거예요

같은 일도 보기에 따라
이렇게 달라집니다
그러니 혹 안 좋은 일이 있으면
한쪽만 보지 말고
두루 살펴 좋은 쪽을 보세요
그 일의 의미를 잘 헤아리며 사세요.

진짜

가짜가 오히려
진짜 같을 때가 있다
가짜도 자기의 가짜가 안 보이도록
노력 많이 한다
진짜는 목숨을 건다
가짜는 아무리 진짜 같아도
목숨까지 걸지는 않는다
거기서 진짜와 가짜가 갈린다
그것은 한 끗 차이가 아니라
전全 존재의 차이다
진짜의 입술엔 붉은 피가 묻어 있다
유월의 장미처럼
언제든 죽음을 각오한 피가.

시시비비

검은 콩과 흰 콩에는 시시비비가 없다
붕어와 참새에는 시시비비가 없다
자잘한 인간일수록 시시비비가 많다.

멧새 소리

산이 울었다
붉은 울음을 울었다
파헤쳐진 묘지 자리
시신만 옴쏙 파내가고
상석이며 비석 나뒹굴었다
천 년이 가도 썩지 않을
흉측한 석물
거기 새겨진 자손들 이름
내려앉지 못하는 새가
눈송이 되어
죄-죄 울었다.

침묵

지렁이 하나에
새까맣게 달라붙은 개미들
자석에 붙은
쇳가루 같다
살려는 몸부림
그것을 떼가려는 바글댐
뙤약볕이
목덜미에 자글자글 끓는 오후.

노년의 적

노년의 적은
오래 사는 것
말년에
무슨 일을 저지를지 몰라
얼마나 많은 사람들이
늘그막 인생을 분탕질쳤나
쌓기는 힘들어도
무너지긴 한순간
나이 들어 헛소리 허튼짓하기 전
일찍 죽는 것도 축복이자 은총이다.

재

타오르는 불이 아니면 안 돼
그것도 완전 연소라야 해
바람에 풀풀 날린다고
먼지처럼 푸슥거린다고
우습게 보지 마 얕보지 마
넌 지금껏 한 번이라도 타오른 적 있니
자신을 아낌없이 태워
재가 된 적 있니
누군가를 위해
무엇인가를 위해.

삶은 계속된다

이번 추석에 집에 못 온대서
왜 그러냐고 물으려다 그만두었다

결혼기념일에
선물은커녕 밥도 같이 못 먹었대서
무슨 일이냐 물으려다 입 다물었다

마누라 죽어 상 치른 지
두 달이 넘었다는 말을 듣고
왜 알리지 않았냐고 하려다 그만두었다

눈썹이 희어지는 나이
다 사정이 있겠지
이유는 몰라도 삶은 계속된다.

더 좋은 답

보고 싶지 않은 사람
안 보기

하고 싶지 않은 일
안 하기

그것만 해도
인생의 절반은 행복

오늘은 당신의 날
당신 마음껏 살아보는 날

어떻게 살아야 할까 하는 물음에
정답은 없지만
좋은 답은 늘 있어요.

나무의 마음

사람들은 꽃에 환호하지만
나무의 마음은 열매에 있다
그렇긴 해도 꽃을 예뻐해 주면
나무도 내심 기분이 좋다
자식 칭찬에
흐뭇해하는 부모처럼
그래서 꽃 핀 나무는
아침마다 예쁘게
꽃의 맵시를 단장해준다
꽃을 피운 나무의 마음은
부모의 마음이다.

지금 이대로

하고 싶은 일을 할 수 없다면
지금 하는 일을 좋아하면 된다

갖고 싶은 것을 가질 수 없다면
지금 가진 것에 만족하면 된다

이 말은 그게 그것인 것 같지만
그렇지 않아

꼭 뭘 하려고 하기보다
꼭 뭐가 되려고 하기보다
지금 이대로가 좋다는 말이다.

가방

가방은 움직이는 집
크고 작은 가방에 당신이 들어 있다
열쇠 전화기 지갑 휴지 화장품
가방 속을 보면 당신을 알 수 있다
깔끔한지 너저분한지
가방은 실용이지만
장식이자 당신을 비추는 거울
당신은 어떤지 몰라도
가방은 거짓말을 안 한다.

부탁

기분 나빠도
헤어질 땐 좋게 헤어지세요
둘 사이 관계는 깨졌어도
삶은 계속되니까

다시 먹지 않는다고
우물에 침 뱉을 수 없잖아요

한 치 앞을 모르는 인생

우리 인생은
비 온 후 빨랫줄에 매달린
물방울 같아서

잔바람만 불어도
떨어질락 말락.

칠십

천짜리 생맥주 하나 다 비우기 버거울 때가 있다
밥 한 공기 뚝딱 해결하기 어려울 때가 있다
오징어 씹기 힘들고
산 거기까지 갔다 오기 쉽지 않다
놀러 가자고 해도 나가기 싫을 때가 있다
뒷짐 지고 걷는 게 편할 때가 있다
눈부신 날보다 흐린 날이 좋고
좋은 일보다 아무 일 없는 날이 더 좋다
그렇다고 앉아서 죽겠다는 얘기는 아니다
인환人寰의 거리 시원하게 오줌발 세우고
병천 순대국밥 한 그릇 먹고 싶은 날이다.

나

나는 키가 작다
몸무게도 50 미만
나이 들어 볼품은 없지만
친환경이다

이런 나를 나는 사랑한다
지난날이 떳떳하고 치열하여
오늘 당당하고

시를 아주 쉽고 짧게 쓰고
크레용으로 그림도 그린다

갈수록 자신을 혐오하게 하는 세상에서
나는 나를 사랑해서
이놈의 못된 세상과 맞서고 있다.

그런 삶

삶이
네 귀를 꼭 맞춰 접은 손수건처럼
단정하기만 하겠는가
급하면 호주머니에서 쓱 꺼내
팥죽땀도 닦고
코도 힝 풀어
아무렇게나 뭉쳐 다시 주머니에
쑥 집어넣는 손수건처럼
그렇긴 해도
이따금 손수건의 네 귀를 꼭 맞춰 접듯
때론 정갈하게 때론 귀티도 좀 나게
귀 뒤에 살짝 향수도 뿌려보는
그런 삶도 살아야 하지 않은가.

건강 통장

건강 통장도
예금 통장과 같애
평소 음식을 조심하고
규칙적인 생활에 운동하고
마음을 편히 하면
통장의 잔고도 늘어
그러다 어느 날
왕창 술 마시고 달고 짠 음식
마구 먹으면
저축했던 예금이 빠져나가듯
건강 통장의 잔고도 확 줄어
인생의 모든 것이 그래
정성껏 모으면 쌓이고
흥청망청 쓰면 금세 바닥나
건강 통장 확인해 봐
거기 네 목숨이 들어 있어.

너 하기에 달렸다

너에게 다가오는 은인恩人
너에게 다가오는 기회
너에게 다가오는 사랑
너에게 다가오는 가능성
너에게 다가오는 행운

네게서 달아나는 은인
네게서 달아나는 기회
네게서 달아나는 사랑
네게서 달아나는 가능성
네게서 달아나는 행운

이 모든 게
너 하기에 달렸다.

소중한 하루

맑은 하늘
깨끗한 오후
마침 집에 혼자 있어
커피 한 잔 타
현미 누룽지 몇 조각 들고
베란다 의자에 앉는다
아, 좋다!
이 말은 오늘 내가 하는 말 중 최고의 말
야금야금 시간마저 아껴먹는
큰 즐거움
오늘이 소중하고
한가한 시간이 더욱 값지다.

달인

밥 먹을 때
딴짓 안 하고 밥 먹는 데 집중하면
밥 먹는 달인

하루 중
계획한 일 순서에 따라 잘 처리하면
일 처리의 달인

사람 사이 거리를 두어
스트레스 안 받으면
관계의 달인

좋은 일에 흥분 안 하고
나쁜 일에 낙심 안 하면
인생살이에 달인.

6부

기분은 자기 책임

이팝나무 꽃밥

쌀밥을 얼마나 푸지게 퍼담았으면
밥알이 저리 밑으로 흘러내리나
오뉴월 배고픈 새와 나비와 구름이
벌써 숟가락 다투는 소리 들린다
꽃밥이 그리운 사람아
고봉밥이 그리운 사람아
반찬은 산들바람
이팝나무 둥근 밥상으로 모여라.

생각 나름

전립선 비대로
자면서 두 번은 깨
성가셨는데
고맙구나, 전립선
밤에 자다 죽는 일은 없겠구나.

가을 감나무

바알간 감이 주렁주렁 열린
감나무 밑에서는
누구나 시인이 된다
감나무 꼭대기에 달린
다홍빛 감과 감 사이
파랗게 빛나는 가을 하늘은
누구나 더욱 시인이 되게 한다
까치가 쪼은 감
꼭지를 놓아버린 감
나무 한 그루가 몽땅 가을인
감나무 밑에 서면
마음을 다른 데 놓고 온 사람도
시인이 된다.

나비야 청산 가자

청산 가는 길
꽃에서 푸대접받기 얼마였던가
잎에서 자고 가기 얼마였던가
고고하고 잘난 꽃은 일찍 졌지만
나 재워 준 잎은 오래 갔네
그 사실 하나에 깊은 위안 받았다네.

평화 단상 1

평화는 오직 평화일 뿐
앞에 다른 말이 붙으면 오염된다
평화로 가는 길은 평화밖에 없다.

# 평화 단상 2

전쟁광에게
꽃씨를 선물하자
그가 죽은 자리
평화의 꽃이 피어나게.

뱀딸기

하필 이름이 뱀딸기일까
뱀 나올까 봐
무서운 적 있었다
침 뱉았다
진초록 잎에 빨간 열매
먹어보니 맛은 슴슴
이름의 선입견에서 벗어나는데
60년이 걸렸다.

사람이 선물이다

명절이 되자
평소 외지 사람 보기 드문 동네에
택배 기사 번질나다
누구네 집엔 과일이 배달되고
누구네 집엔 고기가 배달되고
또 누구네 집엔 한과에 김 꾸러미
마루에 쌓인 택배 상자들
없는 것보다야 있는 것이 낫지만
늦게라도 실업의 그늘이라도
네가 댕겨갔으면 좋겠다
사람만 한 선물이 어디 있다냐
사람이 선물이다.

위로의 말

정신보다
육체가 앞서 있을 때
우린 위로의 말을 찾지 못한다
눈물은 육체다
눈물이 쏟아져 짐승처럼 흐느낄 때
어떤 말로도 위로받지 못한다
나는 그걸 어머니 돌아가셨을 때 알았다
그때 나는 나를 위로할 수 없었다
누구의 말에도 위로되지 않았다
그저 목놓아 울 뿐이었다
위로도 정신이 있을 때 하는 것
진흙처럼 무너지는 슬픔에
나는 위로의 말을 찾을 수 없었다.

기분은 자기 책임

기분은 자기 책임
좋고 나쁨은 자기 책임이다
부모님 돌아가시어
자칫 쓸쓸할 추석
집 근처 마트에서 이것저것 장을 보아
반찬도 만들고
술도 한 잔 곁들였더니
자칫 우울하게 꺼져가던 기분이
풀무질하듯 업되어 살아났다
나이 들수록 기분은 자기 책임
쭈그러지든 피어나든
저 하기에 달렸다.

삭이면 깊어진다

폭설을 받아안아
뿌리로 내려보내는 나무처럼
한여름 모진 비바람도
겨울 나이테에 새기는 나무처럼
삭이면 깊어진다
모질었던 일을
평생 삭이고 또 삭이신
어머니
답답할 때마다
토해내던 허연 담배 연기
새처럼 튀어나온 좁은 가슴을
평생 앓으셨다.

물통
– 인간의 감정

물통에 물이
떨어진다

탁, 탁,

툭, 툭,

톡, 토독, 토독,

톰방, 주륵, 톰방,

톰방톰방, 툭, 툭.

툭!

마지막 한 방울에

물이 차고 넘친다.

통화가 사라졌다

나도 문자가 좋다
통화하기엔 껄끄럽고
대면하기엔 불편할 때
짧은 단어 한 문장에
이모티콘 하나
이제 번거롭게 안 만나도 된다
굳이 목소리 안 들어도 된다
이별도 해고도
문자 하나로 끝.

10월의 마지막 밤

그날은 참 이상도 하지
떠나는 건 잎인데
뿌리가 울어
조금씩 망가져도 좋다는 사람들이
흘러 다니는 밤
발밑에 구르는
암갈색 니-힐
이 밤이 지나면
영원히 다른 밤이 오지 않을 것 같은
예감에 취해
(그런 예감에 속는다는 건 또 얼마나 즐거운 일인가)
낙엽 따라 서리 묻은 바람 따라
이 가을 아주 멀리 떠나고 싶다
어둠에 싸인 마을 작은 불빛 아래
오래도록 누군가와 생生을 홀짝이고 싶다
그날은 참 이상도 하지
떠나는 건 잎인데
뿌리가 울어.

존재의 절반

아이에게
얼마큼 좋으냐고 물으면
두 눈 동그랗게 뜨고
있는 힘껏 두 팔 벌려
이만큼이라고 한다
아이는 존재의 전부로 좋아한다

어른에게
얼마큼 좋으냐고 물으면
글쎄, 한 요 정도 될래나
검지손가락 첫 마디쯤 내민다

좋아하고 사랑하는 표현에
어른은 인색하다
존재의 절반도 안 되는
부스러기만큼이다.

낮은 정신

다른 사람보다 내가
조금도 나을 게 없다는 걸 깨닫는 일은
좋은 일이다

그렇게 되기까지
실은 많이 아프다
교만과 명예의 우쭐거림 무너져
모래 한 줌 잡초 하나로
다시 태어나기까지

아주 편하다
구름에 붕 떠 있던 당신이
땅에 닿아
평범의 어깨 서로 맞닿아 나란하니
낮았던 정신이 비로소 높아진다.

구부러진 칼

나는 구부러진 칼이 좋다
찌를 수 없으니까

나는 구부러진 총이 좋다
쏠 수 없으니까

구부러진 칼에선
흙냄새가 난다

구부러진 총을 쏘면
꽃송이가 팡팡 터진다

오늘도 흙을 그리워하며
칼과 총이 울고 있다.

냉이꽃

자세히 보아도 냉이꽃
자세히 안 보아도 냉이꽃.

쏘내기 30분

밭일하다
당산 너머 먹구름이 새카맣게 몰려오면
어머니는 말씀하셨지
"너 빨리 집에 가서 마당에 빨래 걷고
뒤꼍에 장광 덮어."
그 말이 땅에 채 떨어지기도 전
나는 쥐고 있던 일손을 놓고
있는 힘 다해 마라톤 선수처럼
발바닥에 불이 나게 들길을 달렸지
꽈르릉 천둥 번개가 뒤에서 쫓아오고
온 마을 집어삼킬 듯
몰려드는 먹구름
급기야 후둑 후두둑
이마를 때리는 굵은 빗방울
헐떡이며 간신히 겨우겨우
집에 도착 빨래 걷고 장광 뚜껑 덮고 나면
쏴아 -, 함석지붕 두드리는
장쾌한 빗소리

마당에 뿌연 흙먼지 일으키며
내리퍼붓는 빗줄기
그렇게 쏟아지던 소나기도
한 30분 지나면 하늘은 말끔
몰아치는 고비 그 고비만 넘기면
인생도 그런대로 살 만하더라.

3초

주먹을 꽉 쥐었다가
쫙 펼 때
3초 안에 손바닥이 빨개지면
혈액순환이 좋다고 한다
나도 그렇게 해 보았다
심장의 펌프질에
가슴에서 팔로 손으로
흐르는 피의 속도를 생각하며
3초는 너무 짧다
5초? 6초?
그러다 딱 멈추면?

그런 시간이 있는가

하루 한 가지
무슨 일이 있어도 그 일만은
꼭 하는 시간이 너에게 있는가
다른 건 몰라도
그 시간 되면 하는 일
차를 마시거나
음악을 듣거나
의자에 앉아 쉬거나
그 일을 안 하면 너답지 않아
다른 일이 있어 오늘 못하면
내일 할 생각에 내일이 기다려지는
그런 시간이 너에게 있는가
네가 너일 수 있는 유일한 시간.

낙관주의자

아기 눈을 가리고
엄마 없-다
아기 눈에서 손을 떼고
까꿍, 엄마 여기 있네
까꿍 놀이에
아기는 까르르 깔깔
엄마는 하하 호호호

넌 어떠니
나는 평생을 엄마가 안 보여도
엄마가 늘 곁에 있다는 믿음 속에 살았다.

돌탑

돌탑을 쌓았다
산에 갈 때마다 돌 하나씩
하나씩만 놓았다
그러다 보니 하루 이틀이면 끝낼 일을
한여름 내내 꼬박 걸렸다
높게 쌓지 않았다
탑 중간에 크레용으로 '인간도 자연의 한 조각'이라는
글귀도 써 넣었다
이따금 지나는 사람들이
두 손 모아 공손히 치성도 드렸다
그런 돌탑을 어느 날 어느 놈이
다 허물어뜨렸다
못된 놈, 나하고 생각이 180도 다른 놈이
같은 산에 다니고 있었다니.

2024. 소라도

생각의 빛

스스로 선택할 때
인간은 빛이 난다

자발적 가난
자발적 유폐
자발적 죽음

그때 인간은
종교가 없어도
얼마든지 종교적인 인간이 된다

남들과 다르게 산다는 것
자기 안에 생각의 빛이 있어
어둔 내부를 환히 비춘다는 것

세상엔 자전거처럼
자기 힘으로 가는 사람들이 있다.

한 마디

늦게 일어난 아내가
한마디 한다
오늘도 열한 시가 넘었네
아침 시간이 다 날아갔어
내가 한마디 했다
그래도 일어났으니 다행인 줄 아서.

7부

시간이 없답니다

바보

예수님은 바보
아니었다면
그렇게 죽지 않았겠지

부처님은 바보
아니었다면
그 좋은 왕자 자리 박차고 나왔을까

공자님도 바보
아니었다면
철환천하, 상가의 개처럼 떠돌지 않았겠지

바보?
그래, 바보!
무명無明으로 가득 찬 세상의 헛똑똑이들을
오늘도 바보들이 깨우치시네.

인석이

인석아
네? 저 인석이 아닌데요
아니 인석아
저 인석이 아니래두요
사람이 되란 말이다, 인석아.

조건

조건을 달지 마
네가 오면
강이 녹으면
돈을 벌면
이런 조건 붙이지 마
조건은 지뢰밭
네 발을 묶는 함정
잔머리 굴리는 조건을
핑계와 회피의 구실 조건을
달지 마
조건에는 그냥
무조건 해.

위로주

글 쓰고
산에 가고
책 보고
늘 하는 일 하면서 지낸 오늘
나이 들수록
그 일도 쉽지 않아
시간이 던지는 애처로운 눈빛
오늘도 하루를 또 그렇게
열심히 살았다고
저녁 먹으며 내가 나에게 건네는
위로주 한 잔.

우리집 모기

손등이나 팔뚝
다리에 앉는 모기는
손으로 탁 때려잡을 수 있지만
콧등에 앉는 모기는?
코를 어떻게 때려칠 수 있겠는가!
그걸 알고 우리 집 모기는
오늘도 내 코에 앉는다.

인연

한 번 스친 인연
꺼지기 쉬운 불씨를
젖은 장작 불 피우듯
정성껏 입김으로 후후 불어 살려내
만남이 되고
사랑이 되고

그렇구나 만남은 인연이요
관계는 노력이구나.

시험지

세상에 불만투성이인 사람이 있었다. 그는 입만 열면 집과 직장과 사회 문제에 불만을 쏟아놓았다. 그날도 그는 여러 사람 앞에서 불평을 해대었다. 그 말을 듣고 있던 한 여학생이 소리쳤다. 아저씨 세상에 진짜 문제 투성이인 데가 어딘지 아세요? 시험지라구욧, 시험지!*

어느 아재 개그 변용

화장실 수건

하루 중 가장 조용한 시간
누구의 방해도 안 받는 혼자만의 시간
변기에 앉아 힘쓰다 고개 들면
문득 벽에 걸려 있는 화장실 수건

어느 날은 무슨 행사가 걸리고
어느 날은 누구누구의 기념 잔치가 걸리고

하지만 분명한 것은
무슨 행사든 누구의 기념이든
사람은 가고
수건만 남아 있다는 것

꼬리를 길게 끌고 다니는 사람들이 더러 있다.

나이

일 년에 하나씩은 꼭 먹는 것
먹기 싫다고 안 먹을 수 없는 것
많이 먹었다고 배부르지 않고
그렇다고 한꺼번에 더 먹을 수도 없는 것
밤에 잠이 안 와도
낮에 꾸벅꾸벅 졸아도
눈물이 나도 웃음이 나도
때가 되면 어김없이 찾아오는 것
오기만 하고 절대
가지 않는 것
나이 들수록
눈부시게 환한 날보다
차분히 흐린 날이 더 좋고
사랑하기도 사랑받기도
어려운 게 나이일러라.

새봄

사람이 투 뱉은 수박씨
소똥에 섞여 나온 옥수수알
새가 날아가다 부리에서 떨어뜨린 들깨 씨
쥐구멍이 무너져 땅에 파묻힌 해바라기 씨
다람쥐가 묻어놓은 도토리
길에 떨어져 먼지에 묻힌 풀씨
얘들이 한바탕 비를 맞고 나면
양팔 하늘로 쭉 뻗어 올려
기지개 켜며 하는 말
야, 봄이다!

반성

살다 보면
누구나 잘못한 일이 있지만
모든 일을 다 잘 못 한 사람은 없다

이는 어쩌다 거짓말을 하기도 하지만
하는 말이 다 거짓말이 아닌 것과 같다

그래서 사람이고
반성이고 용서가 있다

그러니 깨끗이 반성하되
자책은 하지 마라
더구나 자책이 지나쳐
죄책감은 갖지 말라.

토마토

마지막 남은 토마토를 가져다 씻는다
껍질은 쭈글대고
꼭지는 말라 부스러졌다
칼로 반을 자르자
붉은 속살 하얗게 드러나는 뿌리
혼자 얼마나 외로웠으면
혼자 얼마나 흙이 그리웠으면
제 몸에 뿌릴 내렸을까
손으로 만져보니
어느덧 뿌리는 까끌까끌
흙을 움켜쥘 힘이 느껴진다
나는 숙연함에 칼을 멈추고
하얀 생명의 외침을 듣는다
무심했던 사이 너는
또 다른 생명을 예비했구나
아무도 모르게
세상에 없는 꽃을 준비했구나.

시간이 없답니다

젊어서는 시간이
강물처럼 끝없이 많을 것 같더니
나이 들수록
실개천으로 흘러

시간이 없답니다
하루하루가 생의 마지막 같고
이 순간이 소금처럼
짜게 느껴집니다

그래서 더욱 절실합니다
초록의 지구별에서
누군가를 만나 한평생 산다는 것이
하고 싶은 일을 한다는 것이
얼마나 금싸라기 축복인지요.

사랑하면 닮는다

사랑하면 닮는다
말투도 얼굴도 미소도 걸음도
서로 닮아 오누이 같아진다
달도 처음엔 세모였는데
해를 사랑해 해를 닮아
둥글어졌다지 않은가.

역설

나무는 잎을 다 벗어야
비로소 겨울이 춥지 않다
능소화는 꽃을 피워야
비로소 8월 염천이 뜨겁지 않다
누가 나에게
독종이라 불러다오
그래야 뭔가 이룰 수 있으니
그 속으로 가라
얼음 위에 타는 불처럼
치고 들어가라
주변을 서성대지 마라
나는 네가 완전히 망했으면 좋겠다
나는 네가 마지막 승리했으면 좋겠다.

시 한 잔

매월 말에 보내는 '시 한 잔'
생각지도 않은 답장이 날아온다
20년 만에 안부를 전해오기도 하고
잘 지내는 줄 알았는데
병원 신세 진 이도 있다
시로 두드리는 안부
이마저 없으면 각자 살다
풍문에 부고나 듣게 될 사람들
건강하지?
무탈하지?
시 한 잔 읽을 만큼의
정신은 아직 멀쩡하지?
그 새 한 달이 후딱 가고
다시 또 준비하는 시 한 잔.

손잡이

손잡이는 얼마나 고마운가
얼마나 기특한가
손잡이 없는 냄비를 상상해보라
손잡이 없는 칼을 어떻게 쓰겠는가
문에 손잡이가 없다면
무엇을 잡고 문을 열겠나
손잡이는 이처럼 늘 사람의 편
손잡이의 우호 손잡이의 편리
오래도록 우리를 아낌없이 지지해주는
손잡이를 봐서라도
오늘 하루 다정해야 하지 않겠나.

2024. 초겨울

마음이 편하다

자기 힘의 80%만 쓰고 20%는 남겨 두는 여유
좋아하는 일을 할 수 있을 만큼의 건강
살 만큼 살았으니(70세) 이제 가도 좋다는 나이
빚이 없고 매월 얼마라도 소득이 있는 자산
다 알려고 안 하고 모르는 부분을 남겨 두며 하는 공부
마음에 맞는 벗
글쓰기의 즐거움
웬만한 일은 신경 안 쓰니
어찌 마음이 편하지 않으리오.

위기

평범한 사람에겐 위기도 없다
위기 때 배 나온 사람 봤나
위기 때 턱 주름 생기는 사람 봤어
맞서든 도망치든
종아리 근육은 더욱 단단해지고
야밤의 올빼미처럼 눈빛은 빛난다
기죽지 말고 버텨라
슬픔의 뒷면이 기쁨이고
위기의 뒷면이 기회이다.

망상

불쑥 떠오르는 망상
뜻하지 않게 떠올라
사람을 휘감아버리는 망상
늪의 밑바닥을 휘저으면 떠오르는
넝검지* 같은 것들
이런 망상이 떠오르면
그 순간 망상의 머리를 똥 때려
솟아오르지 못하도록 눌러야 한다
똥! 똥!
나는 오늘도 그놈 머리를
다섯 번 열 번 때려 주었다.

찌꺼기

이슬

고 작은 것이
햇빛이 아니면 마르지 않는다네.

구멍가게

가게 안은 어둡다
비좁다
에어컨 대신 선풍기를
히터 대신 연탄난로를 놓은 구멍가게
있는 것보다 없는 것이 더 많아
선반은 듬성듬성 비어 있고
손님이 드르륵 문을 열고 들어서야
겨우 방에서 기어 나오는 주인
벽에 매달린 검은 봉지 툭 뜯어
손가락에 침 묻혀 봉지 입구를 벌려
담배며 컵라면을 담아 건넨다
촌로들이 하꼬방이라 했던
지금은 몇 남지 않은
길옆 납작 찌그러진 구멍가게.

초봄

병천 장날
아내와 순대국밥 한 그릇씩 먹고
장 구경하는데
길가 트럭에 온갖 화초를 싣고 와
팔고 있길래
이건 무어냐 하니 히아신스라 한다
두 개를 사 비닐봉지에 담는데
얘는 빨간 꽃
얘는 보라 꽃을 피울 거라고 한다
내가 보기엔 그게 그거 같아서
그걸 어떻게 아느냐 하니
주인 여자 샐쭉 웃으며 나만 안다고 한다.

이제 됐다

산길에
한겨울을 꽁꽁 언 채로 난 도토리가
봄이 되어 속이 풀려
언 껍질을 벗고
빨간 속살 끝
갈고리처럼 꼬부라진 하얀 뿌리가
천신만고 끝 땅에 닿은 후 하는 말
이제 됐다

2024. 조라도

절로 절로

사람의 일은
시간 따라 흘러가는 게 당연하니
마음에 담아 두지 마시게
물 흐르듯 절로 절로
흘려보내시게
그것을 마음에 가둬두면
상처가 되고 감정이 되어
오래 마음 상하니
갈 건 가도록 놓아주시게
그래야 또 다른 일이
일어나지 않겠는가.

8부

속 편한 게 최고다

강아지풀

무리 지어 산다
왈왈 짖어도 소리 들리지 않는다
바람 불면 더 신이 나 뛰어노는 강아지들
몸뚱이는 내빼고 꼬리만 남았다
모두가 잠든 고요한 밤
저마다 소망의 별 향해 손 흔드는 풀
가을이면 별 가루 묻어
금빛으로 노래지는 풀.

허虛

어느 날 문득 손을 펴보았다
강 같은 손금이 몇 개 흐르고
허공이 내려앉아 있었다
세속의 욕심
한가득 움켜쥐던 손에
허공이
그 허공마저 주위의 허공에
둘러싸여 있었다.

다리
- 탄핵 시편 1

누구도 쉽게 건널 수 없는 다리가 있다
사람이 못 건너니
그리움도 차마 건너지 못한다
사람과 사람 사이 놓인 다리
두 진영 사이 놓인 다리
욕이 아니면 건널 수 없는 다리
다리의 양 끝에서
생각이 다르다는 이유 하나로
적이 된 사람들
오가는 이 없으니
다리는 이어짐을 빼앗겼다
이제 다리는 다리가 아니다.

당신도 틀릴 수 있다
- 탄핵 시편 2

부부 싸움에
상대를 몰아세우는 당신
당신도 틀릴 수 있다
진영 간에
서로 손가락질하는 당신
당신도 틀릴 수 있다
맹목적 믿음은 범죄 행위
진정한 소수만이
나도 틀릴 수 있음을 안다
언덕에 올라 확성기로 소리치기보다는
자기 안의 쇳덩이를 갈고 닦아라
붉은 녹이 벗겨져
자신을 비추는 거울이 될 때까지.

10대들의 민주주의
- 탄핵 시편 3

쌤, 대통령 짤렸어요?
응, 짤렸어!
우와, 대통령도 짤리는구나.

그 논

찻길 옆 논이 있다
주위는 아파트 숲
그곳만 쏙 빼고 아파트를 지었다
그 논
두 다랭이 합해야 천 평이나 될래나
그런데 논 구실 제대로 한다
봄이면 개구리 소리 명랑하다
여름엔 벼보다 피가 더 많다
가을엔 벼 익는 누룽지 냄새
겨울엔 눈 덮인 공터
그 논이 기특하다
어쩌면 논다우려고
필사의 노력 다하는지 모른다.

독도

동해 바다
손으로 꼬집으면
아악, 소리 낼
아픈 살점.

2024. 소래동

달력

기대 한 장을 넘긴다
포기 한 장을 넘긴다
새봄 한 장을 넘긴다
꽃잎 한 장을 넘긴다
가정 한 장을 넘긴다
탄식 한 장을 넘긴다
초록 한 장을 넘긴다
땡볕 한 장을 넘긴다
하늘 한 장을 넘긴다
낙엽 한 장을 넘긴다
첫눈 한 장을 넘긴다
후회 한 장을 넘긴다.

모래

바닷가 거센 물살에
씻길 대로 씻긴 모래
작구나
작지만 먼지가 아니구나
세월의 발밑에 허물어져도
끝내 가루가 되지 않은
너는 먼지가 아니구나.

숲

혼자는 외로워
숲으로 걸어 들어간 나무들

나무가 모이자
따라 들어간 새들

그늘진 땅 흙이 깊어지자
생겨나는 벌레들

모두 함께하되
홀로의 간격 잃지 않는 숲.

심야식당

역전 심야식당
옆자리 아가씨 둘
소주에 설렁탕을 먹고 있다
배고팠구나
말없이 우적우적 깍두기만 씹는다.

속 편한 게 최고다

마음이 편하려면
적당한 게 좋다
밥도 적당히 먹고
돈도 적당히 있고
세상과 너무 가깝기보다는
좀 떨어진 게 좋고
의심하고 비난하고 주장하기보다는
큰 문제 아닌 한
그냥 넘어가는 게 좋고
햇볕을 쬘 때도
천천히 등부터 느긋하게 쬐어
뒤부터 따뜻하게 하는 게 좋고
복잡한 문제는 단순화시켜
고양이가 공을 갖고 놀 듯 가지고 노는 게 좋고
그리하여 속 편한 게
세상 사는 데 최고란 말이렸다.

저마다

무리 지어 핀 꽃도
사는 것은 저마다

제 뿌리만큼의 땅에서
제 잎만큼의 광합성 작용으로

아무리 화사한 꽃도
벌 나비 오래 머물지 않아

꽃도 사람도
사는 건 마찬가지
제각기 저마다.

그냥

그냥이라는 말 참 좋지요
엉킨 실타래도 그냥에 갖다 대면 그냥 풀려요
자꾸 떠올라 괴로운 일도
그냥에 갖다 대면 그냥 잊힙니다
그렇다고 뚝딱 도깨비방망이는 아니지요
심각한 문제가 그냥이 될 때까지
얼마나 마음 긁혔겠어요
피 나는 상처 아물었겠어요
인생 공부에 수업료 많이 냈겠지요
이 좋은 말 가끔씩 써 먹으세요
넌 그 애가 어디가 그렇게 좋으니
네? 그냥요.

봄 1

비가 오든 안개가 끼든 바람이 불든
봄은 봄이다
봄을 삼킨 사람들이
긴 하품을 한다
하품 후 눈을 여러 번 깜작인다
세상이 잘 안 보이는 것처럼.

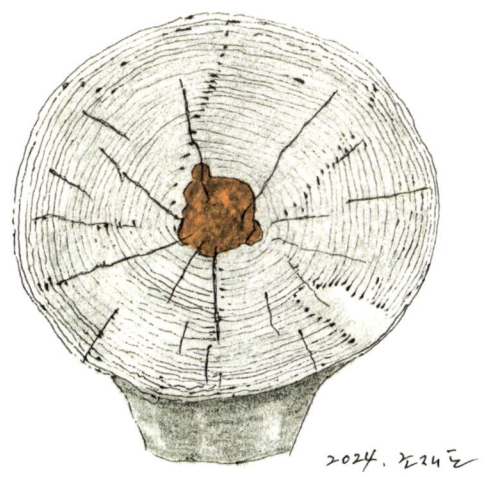

봄 2

봄에 대한 시를 여러 편 썼는데
새봄이 오자 또 시가 써진다
이 뭐지, 이래도 되나? 생각하며
집 앞 미장원 앞을 지나는데
축대 밑 새로 난 민들레꽃 냉이꽃이
바람에 흔들리며 속삭인다
해마다 우리도 새로 나는데 뭐.

생생生生

휴지 한 장으로
책상에 흘린 물을 닦고
버릴까 하다
옆에 놓아두었다
시가 마음에 안 들어 고치는데
얼굴에 팔에 파리가 성가시어
파리채로 탁 때려잡고
죽은 파리를 그 휴지로 집어 버렸다
유리창 밖 화단에
오늘 처음 핀 붓꽃이 생생하다.

호수
- 모든 폭력

그렇게 넓은 호수가
작은 돌 하나에
가슴이 쫙 갈라져
시퍼렇게 멍이 들다니.

파

나는 파가 좋다
뿌리가 하얘서 좋다
하얗고 짧은 뿌리가
우수수 흙을 물고 있어서 좋다
상긋한 냄새
눈물을 자극하는 매운 자존
검은 머리 파뿌리 되도록과 같은
쉬운 비유도 좋고
파, 할 때 터져 나오는
나비 날개 같은 입술도 좋다.

조치원

조치원은 독특하다
서울, 부산, 대구, 광주
전부 두 글자인데
조치원은 세 글자다
뭐야, 그래서? 할지 모르지만
나는 이 점이 중요하다
좋은 것은 뭔가
하나라도 다르다는 것
나는 조치원을 지날 때마다
이 점을 생각한다.

배꼽

배꼽은
생명 탄생의 증거
조물주가 묶어놓은 매듭
들여다보면 웃는 듯
찡그린 듯
오, 정돈 안 된 혼돈이여
혼돈의 정돈이여
나는 배꼽을 보면 눈물이 난다.

입문시(詩)

밤하늘
내가 찾을 수 있는 별자리는
북두칠성 오리온자리 카시오페아 정도
수많은 별자리 가운데
내가 알고 있는 이 세 별자리로
밤하늘 별을 보는 일이 즐겁다
모래처럼 흩어져 있는 별이 반갑다
이히 리베 디히, 세 단어 아는 것으로
독일어를 다 아는 것처럼
쥬 뗌므, 두 단어로
프랑스어를 다 아는 것처럼.

사랑의 양면

사랑은 사람을 강하게도 하고
약하게도 한다
아기를 안고 있는
엄마는 강하고
남몰래 뒤로 만나는
불륜의 사랑은 약하다
존재를 기울인 사랑은 강하고
금 간 유리창 같은 사랑은 약하다.

들

추수 끝난 들
잘린 벼포기에 움벼가 돋은 들
트랙터 바퀴 자국 움푹 파인 들
냇가 갈대가 하얀 등을 켜고 있는
귀퉁이 거뭇거뭇 둠벙이 있는 들
멀리 인가가 보이고
개 짖는 소리 더 멀리 들리는 들
까치가 경중경중 싸우는 들
아버지의 누런 등 같고
어머니의 허연 배 같은 들
가는 곳마다 가든이다 카페다 모텔이다
파헤쳐져 공사 중인 들
나 오늘 운 좋게 들다운 들을 만나
논두렁 논바닥을 맨발로 걷다 왔네.

집으로 가는 길

고요히 닫힌 눈꺼풀 속
앞을 보던 눈동자는 이제 뒤로 돌려져
네 안의 어둠을 보고

10분 후 부패 시작
파리가 날아와 입술에 알을 까도
쫓지 않는다

이제 너는 처음 세상에 왔던 길을 따라
집으로 돌아간다

한 줌 재가 되어
가없는 우주에 수렴되고

사람들은 어제의 등을 꺼내 등피를 닦아
다시 추녀 끝에 내건다.

시인의 말

18번째 시집입니다.

저는 이 시집을 내기 전 죽으면 안 된다는 생각을 늘 했습니다. 전에도 시집을 여러 권 냈지만 이런 생각이 든 것은 이 시집이 처음입니다. 나이를 먹어서 그럴까요? 저의 시를 세상에 알려야 한다는 생각에서일까요?

1985년 『민중교육』지를 통해 작품활동을 시작한 이래 40년 동안 시를 써오면서, 저는 63.8세에 비로소 '나만의 시'를 쓸 수 있었다고 고백합니다. 하여 그 후 쓰는 시에 '대중시'라는 이름을 붙이고, 시를 짧고, 쉽고, 재밌게, 공감이 가도록, 약자의 편에서, 실제 생활에 도움이 되는 시를 쓰려고 했습니다. 그리고 그렇게 쓴 시 200편에 30점의 크레파스 그림을 더하여 묶은 것이 이 시집입니다.

시인은 언제 자유로울까요? 제 경험에 의하면 자기만의 독자적인 시 세계를 구축했을 때 비로소 자유로울 수 있습니다. 그때 시인은 다른 사람의 작품과 자기 작품을 비교할 필요가 없으며, 부러워할 것도 여기저기 눈치 볼 것도 없게 됩니다. 누가 뭐래도 자기가 발견한 혹은 구축한 시 세계를 견지한 채 자기 길을 흔들림 없이 가면 됩니다. 더 이상 남을 따라갈 필요가 없으며, 자기 식대로 자기가 쓰고자 하는 것을 쓰면 됩니다. 독자분들은 어떻게 볼지 몰라도 이번 시집을 내면서 한 가지 자부하는 것은, 이 시집에 실린 200편의 시는 내가 쓰고 싶은 것을 내 식대로 쓴 작품이라는 것입니다.

이 자리에 꼭 말씀드려야 할 일이 있습니다. 이 시집은 여러분과 함께하는 가운데 발간되었습니다. 일반 시집과 달리 수록 편수가 많고 그림까지 곁들여 칼러 인쇄를 해야 하는 데다, 여러 치장에 비용이 많이 들어, 평소 시로 인연을 맺은 57분의 도움에 힘입어 나왔습니다. 감사합니다.

지난 3년 간 철근을 갈아서 바늘을 만드는 심정으로 시를 쓰고 고쳤습니다. 완성된 시는 없다고 생각하면서도 완성에 가까이 가기 위해 갈고 닦은 시간이었습니다. 이제 그만 여기서 손을 떼어야겠습니다. 제 손을 떠난 시가 어떻게 세상에서 자기 길을 찾아갈지 알 수 없지만, 길 떠나는 시 한 편 한 편을 축복합니다. "그만하면 됐다. 네가 할 일은 다 했다."라는 말이 내면에서 울려옵니다.

2025년 가을에
조재도

약력

시인이자 아동·청소년문학 작가입니다.

천안 태조산 아래에서 밥 먹고 책 읽고 글(시) 쓰고 산에 다니는 단순한 생활을 하고 있습니다.

충남 부여에서 태어나 청양에서 자랐습니다. 공주사대를 졸업한 후 국어교사가 되어 충남의 여러 중고등학교에서 학생들과 글쓰기 수업을 열심히 했습니다.

1985년 『민중교육』지로 작품활동을 시작했으며, 그 일로 전두환 군사정권의 용공조작 사건에 휘말려 필화를 겪었고, 1989년 전교조 결성으로 다시 해임되기도 했습니다.

1988년 첫 시집 『교사일기』 발간 이후, 시집, 청소년소설, 산문집, 동화, 그림책 등 60여 권을 출간했습니다. 시 「자물쇠가 철컥 열리는 순간」과 「큰 나무」가 2025년 개정 중학교 국어 교과서에 실려 있기도 합니다.

사회적 약자인 어린이, 청소년이 평화롭기를 바라는 마음에서 '함께(청소년)평화모임' 일을 14년째 하고 있으며, 시를 포함한 모든 예술은 노동자 농민 빈민 등 일반 대중과 공유할 수 있어야 한다는 생각에 매월 말 '시한잔'을 여러 분에게 보내고 있고, 금강일보, K스피릿 등에 짧은 시, 인생시를 연재하고 있습니다.

mvwhwoeh@hanmail.net